AF276975

Dios es Verbo, no sustantivo

Xabier Pikaza

Dios es Verbo, no sustantivo

SAN PABLO

Colección dirigida por Silvia Martínez Cano y José María Pérez-Soba Díez del Corral

Xabier Pikaza Ibarrondo, nacido en 1941 en Orozko (Vizcaya), ha sido catedrático de la Universidad Pontificia de Salamanca de 1973 a 2003. Ha recibido el Premio Juan Andrés 2013, de la Universidad de Alicante, por su aportación al diálogo entre las religiones. En SAN PABLO, es autor, entre otros libros, de *Ejercicio de amor. Recorrido por el Cántico espiritual de san Juan de la Cruz* (2017), *Los caminos adversos de Dios. Lectura de Job* (2020) y coautor, junto a Vicente Haya, de *Palabras originarias para entender a Jesús* (2018).

© SAN PABLO 2024
Protasio Gómez, 11-15. 28027 Madrid
Tel. 917 425 113
E-mail: secretaria.edit@sanpablo.es - www.sanpablo.es
© Xabier Pikaza Ibarrondo, 2024
© Ilustración de portada: José Montalvá Beneyto, 2024

Distribución: SAN PABLO. División Comercial
Resina, 1. 28021 Madrid
Tel. 917 987 375
ventas@sanpablo.es
ISBN: 978-84-285-7226-2
Depósito legal: M. 23.454-2024
Printed in Spain. Impreso en España

Introducción

En un tipo de teología tradicional hemos tendido a interpretar a Dios como sustantivo fuerte, poder de todos los poderes, le hemos dado nombres diversos, casi todos en línea de soberanía y dominio sobre el cielo y en el orbe de la tierra. Se han apoderado de esos nombres los poderosos del sistema, para imponer su dominio familiar, social, militar, ideológico y económico, convirtiendo la religión en un principio de sometimiento.

Frente a ese Dios de los sustantivos ha surgido en muchos pueblos, sobre todo en Israel (Antiguo Testamento), el Dios del verbo activo, presencia creadora, armonía con el mundo, impulso interior y social de libertad. De ese Dios que dice «soy el que estoy en vosotros, carne de vuestra carne, para que seáis unos en otros, compartiendo vida y esperando resurrección de la carne» trata este libro.

Palabras clave

- *Yahvé:* soy el que soy, haciendo que seáis y os hagáis vosotros mismos.
- *Carne:* vida compartida en sufrimiento-amor, que piensa, desea, espera el reino de Dios.
- *Palabra:* comunicación creadora, Dios que se dice dialogando en sí mismo y con los hombres.
- *Evangelio:* buena noticia del Dios de la carne, Jesucristo.
- *Vida:* en y por Dios vivimos, caminamos y somos, habitando unos en otros.

1
Verbo divino.
Trinidad y encarnación

En una línea más griega que bíblica, más de ontología/substancia que de verbo/palabra, desde el V/VI d.C., teólogos y dirigentes de Iglesia hemos insistido en los nombres/sustantivos de Dios (Dionisio Areopagita, *De divinis nominibus*), tejiendo a partir de su revelación un fuerte sistema de poder religioso, como organización social y sacral de tipo idolátrica. Hemos tendido a convertir al Dios de la Biblia en un Gran Ídolo que domina sobre el mundo externo e interno, sobre los astros del cielo y los poderes de la tierra –política, economía–, para mantener a los hombres sometidos, organizados y pacificados, pero no en libertad y presencia amorosa de unos en otros, sino en dictadura sagrada.

De esa manera, desde un Occidente teóricamente cristiano, hemos fabricado un sistema de conocimiento y poder instrumental, conquistando y colonizando el mundo por la fuerza, como si el cristianismo fuera presencia y revelación de Dios en forma de Gran Iglesia o concierto de Iglesias que imponen su moral familiar (sexual), social y económica, que no es el Verbo creador del Dios de los profetas y de Jesucristo.

En contra de esa tendencia idolátrica que consiste en fabricar nombres y más nombres divinos, para someternos y someter a otros a ellos, resulta importante volver a los principios de la Biblia israelita y de la encarnación cristiana, mostrando así que Dios no es sustantivo de poder, sino Palabra (parábola) de vida (carne), Verbo activo, como indicaré en las reflexiones que siguen, divididas en cuatro partes:

1. *Yahvé, soy el que soy, verbo de presencia activa, ese es mi nombre.* Por eso, su nombre sustantivo no puede nombrarse, pues no lo tiene, no es sustancia superior impuesta sobre los entes menores del gran sistema

de realidad, sino ex-sistencia, «aquel que hace ser» (*ex-sistere*), saliendo de sí y estando presente. Es bueno volver a la raíz del Primer Testamento, que no define a Dios como poder al que debemos someternos, sino como presencia liberadora y creadora en nuestra vida.

2. *Encarnación, Padre de Jesucristo.* Jesús descubre a Dios como Padre, pero no en sentido patriarcal, sino de superación de todo patriarcado de poder. Es impulso y presencia creadora, negándose a sí mismo, encarnándose en nosotros, para que de esa forma «seamos». Dios es Padre/Madre en nosotros, seres humanos sus hijos, para que en Él vivamos, nos movamos y seamos nosotros, que somos su vida verdadera.

3. *Humanidad preñada de Dios, acción del Espíritu Santo.* En ese contexto he comentado una de la imágenes más poderosa de la experiencia y teología del cristianismo, expresada por Juan de la Cruz en la letrilla de uno de sus «villancicos»: la Virgen preñada del Verbo divino es humanidad, «embarazada» en sentido radical (emba-

razo: estorbo y potenciación suprema), humanidad sembrada (impregnada, fecundada) con la semilla de Dios.

4. *Trinidad y encarnación, pericoresis divina.* El Dios del Verbo encarnado es proceso divino de vida, inhabitación, movimiento y presencia de una persona en las otras. El tema no es que Dios se encarne en nosotros, sino que nos encarnemos nosotros, como Cristo, Hijo de Dios, unos en otros. Solo de esa forma podremos descubrir el sentido de Dios verbo encarnado, en un camino que culmina en la resurrección de la carne.

2
Yahvé, soy el que soy.
Puro verbo

La Biblia israelita nace en un contexto de idolatría o identificación de Dios con poderes cósmicos o sociales que domina, exigiendo además que les adoremos... Nace en un mundo de sustantivos idolátrico, para llevarnos a su tierra de libertad en el desierto y decirnos: *Soy el que soy, estoy presente, el Dios que actúa* (que es pura actividad), sin convertirme jamás en «sustantivo», una sustancia ya hecha.

Lo más fácil era en otro tiempo (siglo X a.C.) y es ahora (XXI d.C.) someterse a los ídolos del mundo, en especial a los de tipo político/económico. Desde tiempos antiguos los seres humanos han tendido a vender su libertad (su primogenitura) por un plato de lentejas (Gén 25), es la dictadura del vientre y de un poder que nos exima de la libertad, es decir, de la tarea de ser/hacernos por nosotros mismos.

Nos parece que vivimos mejor estando sometidos, con alguien que nos resuelva los problemas, por encima de nosotros, alimentándonos de falsas migajas. Pues bien, en contra de eso, los israelitas han descubierto que Dios es Aquel que no puede ser nombrado, porque no es sustantivo (sustancia impositiva), sino ex-sistencia que nos impulsa a ser, estando presente, pero sin sustituirnos, que no resuelve nuestros problemas desde fuera, sino que está en nosotros, para que «vivamos, nos movamos y seamos» (He 17,28), nosotros, Dios encarnado.

Revelación y promesa (Éx 3)

En esa línea, la Biblia israelita ha descubierto y expresado el sentido del Nombre supra-substancial (Yahvé), puro Verbo, más allá de todo lo que puede nombrarse, como ha indicado el texto de Moisés, fugitivo en el desierto de su suegro sacerdote, cuando responde la Voz de

Elohim, que le llama desde la zarza que arde sin consumirse, pidiéndole que libere a los israelitas del ídolo de Egipto que es el Faraón:

> *Moisés:* ¿Quién soy yo para ir al Faraón y sacar a los israelitas de Egipto?
>
> *Elohim:* ¡Estaré (*'ehyh*) contigo! Y este es el signo de que te he enviado: Cuando saques al pueblo de Egipto, adoraréis a *Elohim* sobre este monte.
>
> *Moisés:* Cuando yo vaya a los hijos de Israel y les diga: el Dios (*Elohim*) de vuestros padres me ha enviado a vosotros, si me preguntan ellos cuál es su nombre ¿qué he de decirles?
>
> *Elohim:* Soy el que soy. Así dirás a los hijos de Israel: *Yo soy* (*'ehyh*) me ha enviado a vosotros. Yahvé, Dios de vuestros padres... me ha enviado a vosotros. Este es mi nombre para siempre y esta es mi invocación.
>
> Éx 3,11-15

Este es el «nombre verbal» de Dios, como casi todos los nombres teóforos hebreos –Dios-crea, Dios-llama, Dios-escucha...–. El nombre hebreo *Yahvé*, יהוה (YHVH o YHWH), no es sustantivo, sino verbo: *Estaré, yo soy el que es-*

toy –vivo, actúo–, presencia activa, personal, el que nos hacer ser/actuar, encarnándose en nosotros –como fuego en zarza/caña débil, que arde, pero no se consume, sino que consuma–. Está/es/actúa en nosotros, no nos sustituye (no ocupa nuestro puesto), sino que habita en nosotros en pericoresis continua, para que nosotros nos encarnemos también unos en otros, como indicaré al final de este texto.

Moisés sabe que hay dificultades. Dios le pide que abandone a su familia y su vida antigua y se enfrente al Faraón, opresor de los hebreos, sucesor de aquel que antaño pretendió matarle (cf Éx 2,15-23). Dios le envía a liberar a quienes antes rechazaron su arbitraje (Éx 2,13-14; cf He 7,24-34). Es normal que le cueste (cf Jue 6,15; Lc 1,34; etc.) y diga: «¿Quién soy yo...?».

Así pregunta el *ser humano* que se cree pequeño y dependiente. Pero Dios le responde: «¡Yo estaré, *('ehyh)* contigo!», presencia activa en su camino. El hombre es teofanía personal del Dios que *seré-estaré contigo ('ehyh, yahvé),* Verbo de todos los verbos, añadiendo: «¡Y cuando saques al pueblo de Egipto adoraréis a Elohim en este monte!» (Éx 3,12), volveréis

16

aquí para ser lo que yo soy, Verbo activo de vida. Moisés ha descubierto a Dios, le ha visto en el fuego de la zarza. Luego han de verle, recorriendo el mismo camino, todos los oprimidos (cf Éx 19–24), pues el ser-acción de Moisés ha de asumirla todo el pueblo israelita.

En este contexto se sitúa la pregunta de Moisés (3,13). *Elohim* le ha dicho: *yo estaré*, anticipando su nombre *(Yahvé* significa «¡yo estaré!»). Moisés no ha comprendido todavía. Necesita más señales, una concreción de la Presencia, un Nombre que pueda presentar a los hijos de Israel y decirles: «¡Este es quién me envía!» (3,13). Solo ahora, *Elohim* (Poder divino) se revela plenamente, diciéndole su Nombre/Verbo, nombre sin nombre (Éx 3,14-15):

1. *Ser-acción:* «Soy el que Soy» (el que estaré o seré contigo, con todos). Dios le revela su nombre-acción para todo el pueblo: *Soy el que estaré* con ellos (cf 3,12), como presencia. Ese *ser-estar con los suyos* constituye su esencia. Moisés ha pedido un nombre. Dios ha respondido asegurando su presencia (3,14).

2. *Envío*: «Yo soy-estoy me ha enviado a vosotros (*'ehyeh 'selahani*)» (3,14). Solo puede enviar quien se encuentra presente (*'ehyeh = Yahvé*). No es el envío el que justifica la presencia, sino al revés: la presencia de Dios se hace envío. Dios se manifiesta en su verdad como *El que es* –pasando así de *'ehyeh* a Yahvé–, haciendo que Moisés libere (*haga ser*) a los oprimidos, siendo así «dios» para ellos.

3. *Nombre-Verbo* (*Nombre que es acción*): «Yahvé, *Elohim* de vuestros padres me ha enviado a vosotros» (3,15). El mismo verbo (*'ehyeh*, «soy, estoy presente») actúa como Nombre personal (Yahvé), definiendo para siempre el sentido y novedad del Dios de la experiencia israelita, que se revela plenamente como Aquel que sostiene y envía a Moisés, *liberando a su pueblo*. Solo en cuanto llama y ayuda, asiste y libera, el Dios (*Elohim*) de los padres se convierte en Yahvé, Dios del pueblo, Dios encarnado en Moisés y en el pueblo, fuego/vida en la zarza/caña humana.

4. *Verbo definitivo*: «Este es mi nombre para siempre, es mi recuerdo» (3,15). Esta ex-

periencia hecha Nombre (*¡estoy presente!*) define para siempre el «ser» (actuación) de Dios como principio, centro y futuro de todos los recuerdos: *Dios* «recuerda su Alianza» (2,25); por su parte, los *israelitas* deben recordar el signo y el Nombre de Dios como presencia liberadora.

Solo escucha de verdad a Dios y conoce su Nombre (Yahvé) quien se descubre como enviado y, al ponerse en movimiento, le encuentra Presente en su camino. Este Nombre es por un lado misterioso: los filólogos no logran precisar del todo su sentido original, los judíos no lo pronuncian por respeto... Pero, al mismo tiempo, es el más sencillo, cordial, inmediato de todos los nombres posibles, el Verbo/Dabar de todos los verbos, la Vida/Hai de todas las vidas, el Camino de todos los caminos.

Dios es Yahvé porque en el momento clave de su revelación, sacando a su pueblo de la esclavitud de Egipto ha dicho '*ehyeh:* estaré contigo, con vosotros, seré vuestra libertad, vuestro futuro, de manera que seáis vosotros mismos, en libertad, lo que yo soy (el que yo soy). Yahvé es

Verbo de camino (*Sýn-hodos*, camino compartido): garantía de presencia personal (*¡Yo estoy!*, cf 3,12) y compromiso de acción liberadora. Tres son, a mi juicio –y conforme a lo que sigue: Éx 3,16–4,18–, sus elementos conformantes:

1. *Dios aparece como un «Yo», pero un yo en, con y para vosotros,* aquel que habla presentándose a sí mismo y diciendo: «Soy el que soy/seré». En ese sentido, Él se define como la Primera Persona de todas las personas, el «Yo» fundante en vosotros, un yo que dice «tú» y dice «nosotros», en la línea que más tarde se podrá entender como *subjetivismo (activismo) liberador, comunitario,* pues todo lo que hay brota del Yo de Dios que dice: «¡quiero acompañaros, haciéndome camino con vosotros, ser vosotros, ser todos nosotros, porque somos Uno en comunión de vida!».

2. *Mediación de Moisés, Dios de los padres, Dios de Moisés.* El Dios *Yo-soy* se convierte en *estoy-contigo* para aquellos que le acogen y responden, haciéndose ellos también presencia/acción divina. Por eso, en

nombre de todos los oprimidos, Moisés eleva sus preguntas: «¿Que haré si no me creen y si no me escuchan y si dicen: no se te ha aparecido Yahvé?» (4,1). Si Dios no le hubiera llamado, la liberación de Israel sería falsa; si los israelitas no pudieran creer a Moisés sería inútil su Dios. La persona y tarea de Moisés es el principio de la fe de los israelitas que no creen solo en Dios en general –como *Elohim* de la montaña–, sino en el *Yahvé de Moisés*, impulso de vida de aquellos que no confían solo en el Dios cósmico, ni siquiera en el de los padres (Abrahán, Isaac y Jacob), sino en el Dios *de Moisés*, y en el mismo Moisés, que así aparece como transmisor de la palabra de Dios, mediador de su experiencia nacional, universal.

3. *Dios universal*. Dios se hace presencia salvadora en Moisés, para revelarse de esa forma como *Yahvé de todos los seres humanos*. Un *Yo-soy* de liberación para el conjunto de los israelitas y de todos los oprimidos de la tierra. Por un lado, es Transcendente, de manera que su *Yo-Soy* desborda todas las

posibles afirmaciones humanas, pues está siempre más allá, es Señor universal, creador y salvador originario. Pero, al mismo tiempo, es Inmanencia plena o, mejor dicho, presencia salvadora, el «Verbo» de la vida universal.

Dios de Moisés, Dios de los cristianos

Un Dios, un pueblo, un profeta: estos son los elementos principales de esta revelación del Verbo divino. Lógicamente, de ahora en adelante, Moisés vendrá a presentarse ante los judíos como *profeta* por excelencia, hombre/carne en el que Dios se ha revelado como acción liberadora. Desde esa premisa se entiende la fe de los judíos, musulmanes y cristianos.

Los judíos han destacado este Nombre/Verbo, condensando en Yahvé su experiencia de misterio. Por un lado, han seguido vinculándolo al pueblo, como dice el *Shema:* «Escucha, Israel, Yahvé, tu Dios es un Dios único...» (Dt 6,4-9), un texto que se encuentra en la raíz y corazón de la fe cristiana, en forma de doble

mandamiento, uniendo «amarás a Dios» con «amarás a tu prójimo como a ti mismo» (Mc 12,28-34). Por otro, los judíos han sacralizado ese nombre *Yahvé,* de tal forma que procuran no escribirlo ya ni pronunciarlo, pues la Acción de todas las acciones, el Verbo de todos los verbos, estando al fondo de todo, nos sobrepasa y no podemos ni mencionarlo.

De esa manera, al separar el Nombre de Dios y dejarlo fuera de la «circulación» social y religiosa, los judíos posteriores han tenido que buscarle «sustitutos». Por eso han dicho y siguen diciendo en su lugar palabras más o menos equivalentes –pero nunca iguales– como *Adonai, Kyrios, Dominus* o *Señor (the Lord),* que expresan de algún modo la grandeza de Dios, pero sin expresarla de verdad y agotarla. Estas palabras ya no actúan como «sustantivos» (no expresan lo que es Dios), sino como adjetivos que evocan de algún modo su grandeza –Jaun-Goikoa, Zeus/Zeos, Allah, El-elohim, God, Got, Gran Espíritu, Brahman, Tien...–.

Esas palabras no son nombres de Dios, sino adjetivos aproximados, y si los convertimos en sustantivos, correríamos el riesgo de desembocar en la idolatría. Los judíos saben que no podemos hacer de *Yahvé* un *nuevo sustantivo de Dios* –un Dios más, un nuevo nombre–, olvidando que es el Verbo sin nombre. Por eso, esa palabra, *Yahvé,* ha dejado de pronunciarse o nombrarse e incluso de escribirse, poniéndose en su lugar expresiones como «*G*d*» o «*Di*s*».

Muchos gnósticos –quizá de origen judío y cristiano– de los siglos II y III d.C. han invertido esa visión del judaísmo, interpretando el nombre de Yahvé no como señal del más alto rango de la acción silenciosa del misterio originario, sino como expresión de un «dios opresor», que mantiene a los humanos sometidos. Suelen interpretar ese Verbo como un sustantivo diabólico, principio divino del error y el egoísmo, es decir, como un dios falso. Según eso, *Yahvé,* el Dios del Antiguo Testamento, sería en el fondo el proto-diablo (Satanás); solo el Padre de Jesús o un Dios puramente espiritual es para ellos verdadero.

Por eso, allí donde en la Escritura israelita (Éx 3,14) el Dios Yahvé proclama *Yo soy* –o sus equivalentes–, algunos videntes gnósticos hacen que se escuche la voz del «Verdadero Dios»

–contrario al anti-Dios israelita– que le responde: «¡Te equivocas, Dios ciego!». Debido a ello se refieren a Yahvé con nombres despectivos, como Señor de la vergüenza (Samael), Dios ciego de lucha y egoísmo *(Yavaot), Yaldabaot* o salvador material que solo se ocupa de las cosas externas, incapaz de iluminar a los humanos, ofreciéndoles una experiencia espiritual de superación del mundo.

Conforme a la visión gnóstica carece de sentido la encarnación cristiana: Dios no podría introducirse de verdad en este mundo. En contra de eso, precisamente para defender la encarnación, han aceptado los cristianos la revelación del Antiguo Testamento, entendiendo el ¡Yo soy! de Dios no de forma egoísta, sino liberadora. Según eso, las palabras *Yo soy* del Dios/ fuego de la zarza ardiente no significa «yo soy, vosotros no», sino «soy para que seáis», «vivo para que viváis», como Verbo activo de vuestra existencia creadora.

Los musulmanes han evitado en general la hondura de ese *Yo soy* dialogal y creador, poniendo de relieve la absoluta auto-realidad de Dios, que se ha expresado para siempre a través de Mahoma, de manera sencilla y segura, para todos los humanos, sin distinción de razas o culturas.

> La piedad no estriba en que volváis vuestro rostro hacia el Oriente o hacia el Occidente [rezar mirando a Jerusalén o La Meca], sino en creer en Dios y en el último día, en los ángeles, en la Escritura y en los profetas, en dar de la hacienda, por mucho amor que se le tenga, a los parientes, huérfanos, necesitados, viajeros, mendigos y esclavos, en hacer la *azalá* (oración) y el *azaque* (la limosna)... (Corán 2,177).

El Dios musulmán es puro silencio sin nombre, pura acción dominante, que se expresa en el cumplimiento del Corán. *No hay en el islam ninguna teología intradivina,* ninguna afirmación sobre la vida o movimiento de Dios en cuanto tal. Para el islam la esencia de Dios sigue siendo misteriosa, incognoscible, de manera que no puede decirse nada de ella.

Lógicamente, judíos y musulmanes se sienten vinculados por su teología más profunda, tanto en la visión del Dios transcendente –no

trinitario–, como en la forma de entender su revelación –por la ley de Moisés, por la profecía de Mahoma–. Esta vinculación es tan honda que algunos llegan a sostener que judaísmo e islam son variantes de una misma religión de fondo. Algunos afirman que el islam es una herejía –simplificadora, universalizadora– del judaísmo. Otros añaden que el judaísmo es una herejía –concretización nacional– del islam eterno.

Según eso, judíos y musulmanes rechazan la encarnación de Dios en Jesús, viendo en ella una especie de recaída en el politeísmo pagano. Lógicamente, rechazan también la Trinidad: piensan que Dios se ha revelado en la historia de los hombres, pero sin encarnarse, ni expresar en ella su misterio más profundo. En ese sentido, judíos y musulmanes parecen *más humildes,* pues piensan que Dios está arriba y que nunca podremos conocerle del todo. Por el contrario, los cristianos se atreven a *definir a Dios como Padre de Jesús* (Trinidad), arriesgándose a penetrar en su misterio, afirmando que en el origen y base de todo está el amor del Padre al Hijo en el Espíritu.

Los cristianos interpretamos a Yahvé como presencia salvadora (liberadora) que se compromete en favor de los hebreos oprimidos, pero damos un paso más y añadimos que el mismo Yahvé, Verbo supremo del Dios liberador, se identifica con el Padre de nuestro Señor Jesucristo. Por eso, de algun modo, los cristianos seguimos vinculados a la revelación del Sinaí: nos situamos con Moisés ante la zarza ardiente, escuchamos su Palabra de liberación y nos comprometemos a seguir su camino. Pero sintiendo que eso resulta al final insuficiente damos un paso más.

No es que la experiencia israelita de Yahvé sea falsa, sino todo lo contrario: es verdadera. Más aún, es de tal modo verdadera que debe profundizarse en ella, llegando hasta sus últimas consecuencias. Eso es lo que ha hecho Jesús, nuevo Moisés, verdadero intérprete y hermeneuta del Yahvé israelita. Allí donde Moisés escuchó el *Yo soy* de Dios, que se dice a sí mismo salvando a los oprimidos, Jesús ha seguido escuchando la voz más profunda que dice: «¡Tú eres mi Hijo!, porque yo mismo estoy contigo».

En el paso y despliegue del *¡Yo soy!* de Éx 3,14 al *¡tú eres, vosotros sois!* de la experiencia bautismal (cf Mc 1,9-11par.) y pascual (cf Rom 1,3-4; Heb 1,5) de Jesús culmina la teología israelita, y nace el cristianismo. Siendo el auténtico *¡Yo soy!*, Dios viene a definirse para los cristianos como el Padre de nuestro Señor Jesucristo. De esta forma se amplía el *Yo de Dios*, asumiendo en su interior el *tú de Jesús* –y de los humanos oprimidos– en el *nosotros* del misterio trinitario –del Espíritu Santo–, es decir, en el despliegue total de la Comunicación de amor.

La experiencia de base sigue siendo la misma: tanto el *Yahvé* de Moisés como el *Padre* de Jesús se introducen en la historia humana, asumen el dolor de los pobres y abren un camino de liberación. Pero los cristianos creemos que esa presencia salvadora de Dios en el mundo ha culminado en forma de *encarnación:* en el fondo de la experiencia básica de Jesús –de su misterio de liberación y de su comunión trinitaria– sigue estando el más profundo y verdadero Yahvé del judaísmo; pero este es un Yahvé que ha venido a desplegarse como Padre, abriéndose en amor, por medio de Jesús a todos los humanos.

3
Verbo encarnado por el Espíritu Santo

La encarnación culmina en la *presencia y acción personal de Dios en Jesús como carne*. El judaísmo sabe que Dios habla a través de los profetas, pero añade que se encuentra siempre arriba, en su propia transcendencia. Lo mismo ha proclamado Mahoma en el Corán: Dios habla desde lo alto, no se vuelve palabra en forma humana, humanidad concreta. Tampoco las religiones orientales conocen una verdadera encarnación, sino *avataras*: manifestaciones visibles del Dios invisible, en formas simbólicas cambiantes, de tipo imaginativo, no en la «carne» histórica de un ser humano, como es Jesús.

Encarnación estricta del Dios personal y transcendente solo se ha dado en el cristianismo, que sigue afirmando la transcendencia de Dios (Padre), pero añadiendo que Él actúa (se hace presente) de un modo total/carnal/personal en Jesucristo, que es persona divina. Esta es la paradójica diferencia. Las religiones antiguas están llenas de *hierofanías cósmicas* –cielo y tierra, piedras y animales, árboles y fuerzas atmosféricas–; pero Dios no se revela en ninguna de ellas de manera plena, como carne/persona. También las religiones proféticas –como el judaísmo y el islam– están llenas de palabras y libros de Dios... (cf Heb 1,1-2). Pero solo el cristianismo confiesa que, «al llegar la plenitud de los tiempos, envió Dios a su Hijo, nacido de mujer, nacido bajo la ley» (Gál 4,4-5), de manera que, surgiendo de la historia humana, es *Dios/carne, en persona.*

En lenguaje histórico, *Jesús es el Hijo de Dios, nacido en el tiempo como persona/carne,* de manera que no podemos hablar de un Hijo de Dios no encarnado. Pero *en lenguaje de eternidad,* podemos y debemos hablar de *dualidad intradivina,* afirmando que Dios no estuvo nunca solo, sin Hijo o comunión de amor, sino que ha sido (es) siempre comunicación de amor (pericoresis), como explicaré a continuación.

Ambos lenguajes, uno de eternidad, otro de historia, resultan paradójicamente necesarios y no podemos identificarlos, ni reducir uno al otro. Sabemos, por un lado, que *Jesús no existía como persona en un «tiempo» anterior:* brota de Dios al nacer (realizarse) en la historia como «carne». Por eso, su misma encarnación (humanización) ha de entenderse como surgimiento divino, de forma que *Jesús Hijo pertenece al misterio fundante de Dios,* de manera que no hay tiempo en que el Hijo de Dios no fuera.

Ambos lenguajes resultan deficientes por aislados, pero son necesarios –si los tomamos juntos–. Uno y otro han de llevarnos a la misma afirmación fundamental: *Jesús carne* –en su nacimiento, vida de amor y Pascua– es *Dios en persona, Hijo eterno en la historia.* Avanzando en esa línea podemos definir a Dios Padre como aquel que puede encarnarse (expresarse) del todo en un ser humano –no en un ángel o estrella, animal o vegetal o estrella–. No se encarna Dios en la humanidad en general o en un proceso ideal, como pensaron algunos filósofos (Hegel); ni se expresa en la hondura supra-material de un alma separada o de un espíritu des-encarnado, como podían añadir los neoplatónicos y/o gnósticos, sino en un hombre concreto, llamado Jesús (Dios salva).

Los diferentes momentos de la existencia de Jesús –recibir el ser, asumirlo de manera personal y compartirlo con otros, entregándose por amor a ellos demás...– son elementos centrales de su encarnación. Jesús es ser humano (carne/persona), no un es auto-creador solitario, sino que nace de otro ser humano –María, su madre–, de la promesa israelita –Abrahán–, en el contexto general de la historia –de Adán–. Por eso, siendo un individuo, lleva en su suerte la suerte de la humanidad entera, vinculándose a ella en palabra y esperanza. Su *encarnación* nos sitúa en el lugar donde se cruzan todos los caminos cósmicos y humanos, de forma que algunos han podido llamarle *universal concreto*.

No se ha expresado en un libro perfecto de misterio eterno –Torá judía, Corán–, ni en la totalidad general del proceso cósmico, sino en Jesús, Hijo/Carne, compendio y sentido de la historia del tiempo y del espacio. Naciendo de la historia anterior y fundando la que sigue, Jesús brota del misterio de Dios, como ha expre-

sado el evangelio de Juan al afirmar que «en el principio era el Logos/Verbo» (1,1), la Palabra que se expande luminosa y creadora en la tiniebla humana, añadiendo que ese «Logos/Verbo se hizo carne y habitó entre nosotros» (Jn 1,10-11.14) como Cristo humano.

Concebido por el Espíritu Santo

Se ha dicho que su *encarnación* –el Hijo de Dios se hace humano– y *concepción por el Espíritu* –Dios suscita a Jesús por su gracia– se oponen mutuamente. Quienes dicen eso pecan de racionalistas, olvidando la *paradoja del «verbo divino»*: es Hijo eterno de Dios, y nació en un tiempo concreto gracias a María (Mt 1,18-25; Lc 1,26-38):

– Esto es lo que le dice el *ángel hermeneuta (intérprete)* a *José*, padre oficial del niño que ha de nacer: «No tengas miedo de aceptar a María, tu esposa, pues lo que en ella ha sido engendrado proviene del Espíritu Santo» (Mt 1,18-25), enriqueciendo el nivel ordinario de la paternidad israelita, la de José, hijo de David, representante de un mesianismo nacional (plano de carne), ha sido asumido y radicalizado en Cristo.

— Así responde el *ángel del poder de Dios (Gabriel) a la madre María,* que pregunta «¿cómo será esto pues no conozco varón?»: «El Espíritu Santo vendrá sobre ti, te cubrirá la sombra del Altísimo; por eso, lo que nazca de ti será llamado Santo, Hijo de Dios» (Lc 1,35). Sobre toda maternidad sacral del mundo –concepción y alumbramiento divino–, viene a desvelarse la paternidad/maternidad de Dios por medio del Espíritu Santo.

Según eso, la historia de Jesús es más que carne cerrada en sí y su divinidad, y es más que inmanencia también cerrada misma. La humanidad de Jesús es carne de Dios. Esta es la acción del Espíritu Santo del que se dice en Gén 1,1-2 que «aleteaba» sobre el gran caos, para que de esa forma surgiera la vida cósmica de Dios. María ha venido a presentarse en la Igle-

sia como signo de la comunicación más profunda del ser humano con Dios, como humanidad que escucha y acoge la palabra de Dios, la voz de su misterio en «carne», es decir, en su persona humana, pero no a solas, sino en comunión con José, en Israel.

Por eso, decimos que Dios (Padre) engendró «eternamente» a su Hijo, en el contexto (abrazo, seno) de la humanidad, concretizada por María. No es que el Espíritu Santo sea hipóstasis femenina de Dios (la dimensión femenina), como a veces se ha pensado; no es que se identifique de manera personal con María, como también se ha dicho. Pero entre ambos –Espíritu Santo y María, humanidad entera– hay una fuerte vinculación.

En contra de lo que sostiene la tradición islámica, la concepción/encarnación de Jesús por el Espíritu Santo no puede interpretarse como un milagro en clave de ciencia biológica, sino como *hierofanía personal de Dios*, que se encarna/manifiesta en Jesús de Nazaret, ser humano al que vemos, en nivel de fe, como el *Hijo de Dios*, siendo hijo de María, desposada con José. Así decimos que nace, al mismo tiempo, de la eternidad de Dios y de la historia humana sin que un nacimiento sustituya o se sume al otro: nace totalmente de Dios y totalmente de la humanidad (María) por obra del Espíritu Santo.

Por la Virgen María

El Hijo de Dios no se ha «encarnado» en un ángel, ni ha nacido como «idea», sino como un ser humano concreto (persona), de carne y sangre. Desde una perspectiva humana, María ha sido mujer mediterránea, de origen galileo, madre conflictiva de un pretendiente mesiánico judío y luego miembro de su Iglesia (He 1,13-14). Ella no ha sido por tanto una simple versión del eterno femenino de Dios, ni un avatar intemporal de la más hermosa de las diosas de Oriente. Sobre la base firme de su historia concreta de mujer y persona se funda y recibe sentido la encarnación del Hijo de Dios Padre en Jesucristo, como palabra (parábola) carnal de Dios. Lógicamente, los cristianos han recreado simbólicamente la figura de María como elemento integrante de la gran parábola de Dios.

Los evangelios no conservan y/o elaboran el recuerdo de María con el fin de saciar una curiosidad lícita sobre la madre de Jesús, sino para contar en forma de parábola algunos elementos de la encarnación del misterio de Dios. Para los cristianos ortodoxos y católicos resulta difícil «contar» (transmitir) el sentido de Jesús sin aludir a su madre, expresando en ella el principio, camino y meta de la nueva experiencia creyente.

En esa línea, la figura de María ha podido situarse desde muy antiguo –al menos desde el siglo II d.C.– en el principio de un camino de apertura tendencial a lo que podemos llamar el *eterno femenino del misterio,* en una línea que puede convertirse finalmente en puro mito. Entendido así, un mito de María podría destruir el misterio real de la encarnación histórica y carnal (personal) del Hijo de Dios que es Jesucristo.

La historia y figura creyente de María forma parte de la encarnación de Dios. Según eso, la mariología cristiana forma parte del descubrimiento y cultivo creyente –consecuente– de la figura personal –histórica y simbólica– de María, en un plano de fe, de forma que lo que decimos de ella debemos aplicarlo a cada uno de los creyentes, que forman parte de la «casa de Jesús», apareciendo así, como su madre, sus hermanas, hermanos e hijos, como ratifica de manera solemne Mc 3,31-35.

Los cristianos sabemos –como los judíos y musulmanes– que Dios es transcendente y ha creado el mundo *de la nada,* pero añadimos que no ha querido sustentarlo sobre el fondo vacío de esa nada, sino *en su Hijo Jesucristo,* a quien ha engendrado libremente, por amor y compromiso de presencia, por dolor y esperanza, dentro de la historia. Jesucristo, al que Dios resucita de la muerte, se hizo así salvador –plenitud, regalo y Reino– de la humanidad.

La misma creación queda, por tanto, inmersa en el despliegue y ser de Dios, que no ha creado un mundo externo, fuera de sí mismo –como el carpintero hace una mesa–, ni tampoco en el vacío que Él deja al retirarse de su totalidad –como en la cábala de Isaac de Luria–, sino que lo convoca («engendra») desde su interior divino y humano, en su hijo Jesucristo.

4
Del Verbo divino, humanidad preñada

Desde lo anterior quiero comentar una letrilla de san Juan de la Cruz, que, a modo de villancico, puede ayudarnos a entender y celebrar la encarnación, pero poniendo *humanidad* donde la letrilla pone *Virgen*.

> Del Verbo divino la Virgen preñada
> viene de camino: ¡si le dais posada!

Este es un villancico popular que los frailes de Juan de la Cruz cantaban llevando en procesión a la virgen «preñada del Verbo» ante las habitaciones del convento de Granada o Segovia, iniciando así un diálogo cantado entre los tiempos de Adviento y Navidad, un diálogo que ofrece el más bello y más hondo camino de contemplación del misterio de la Navidad. En un plano, la virgen preñada es María, madre de Jesús. En otro plano es la humanidad entera, concebida como «virgen» porque lo que lleva en su seno proviene de Dios, como en el Avemaría de Lc 1,26-38.

Del Verbo divino

Preñada está María del verbo de Dios, como mujer/humanidad que acoge en sus entrañas el misterio, recibiendo la Palabra en su «mente» (*prius in mente...*) más que en el vientre. Aparece así en el Adviento de Israel y de la humanidad como «portadora del Verbo», cantora y testigo de la encarnación que llena y enciende de vida el universo.

Ella «recibe y concibe» al Verbo Dios en su vientre, en sentido total, en su persona, en amor y palabra, en «gestación y fecundidad divina», es decir, humana en grado sumo, con José a su lado. De esa forma, ella aparece como mujer

concreta, siendo al mismo tiempo pueblo de Israel y humanidad entera, con José a su lado, fecundada por Dios, en la línea de la Mujer del Apocalipsis (Ap 12,1-3), enriquecida por Dios como madre de la nueva humanidad, frente al que quiere destruirla.

Es Virgen «preñada del Verbo divino», es decir, de la palabra de Dios, y muestra la imagen donde su «vientre» de mujer, que aparece en varios salmos y en Mc 2,7 se presenta como signo del «universo», fecundado de Dios. Ella no ha sido objeto de una posesión o violación, como suponen muchos mitos populares y cultos del antiguo Oriente, donde Baal o Zeus copulan con mujeres a las que se imponen por su fuerza más animal que humana. Al contrario, conforme al relato de Lc 1,26-38, Juan de la Cruz ha puesto de relieve en otros lugares paralelos la colaboración de María, «de cuyo consentimiento el misterio se hacía» *(Romance de la Trinidad 8)*.

Según eso, la Virgen humanidad (María) está «preñada» del Verbo Divino, es decir, del Dios que es Palabra que sustenta, vivifica y pone en marcha la historia divina del mundo –Dios en el tiempo–. Juan de la Cruz sabe –y así lo dice en su *Romance de la Trinidad*– que el «agente» de la preñez divina de la mujer/humanidad/Israel María es el Espíritu Santo –Dios Espíritu en la carne–, y así decimos que ella ha concebido por obra del Espíritu Santo. Pero no está «preñada de Espíritu», sino del Verbo Divino, es decir, del mismo Dios verbo que se hace carne entre los hombres, como ser humano, encarnación de Dios (Jn 1,1-14).

El Verbo que habita en la entraña de Dios es el mismo «Dios Palabra» que habita –pone su tienda: *eskénosen*–, en la historia de los hombres, para conversar con nosotros. Este verbo de Dios que habita –camina– como humano entre/con los hombres –en *sýn-hodos*, sínodo– es Jesús de Nazaret, el Cristo, pero no en sentido pasivo, sino activo y misionero, como se dice en Jn 1,1-14: Dios es verbo activo, no idea-logos, sino verbo-acción, comunicación que se expresa en la historia –espacio y tiempo– de los hombres, en el corazón del universo.

En un sentido extenso, todos los hombres y mujeres que escuchamos a Dios y lo acogemos estamos «preñados del Verbo Dios», pero de un

modo especial y único –para todos– lo ha estado María, la Virgen preñada por excelencia, portadora del Dios que es Palabra, que se concibe por la fe y se expande en el amor del camino compartido *(sýn-hodos)* de la humanidad.

La Virgen preñada

Entendida así, la humanidad entera es mujer/virgen, que no concibe simplemente de la carne/sangre/deseo de varón, sino del mismo Dios (cf Jn 1,12-13), que no ha creado a la humanidad y la historia para dejarlas fuera de sí mismo, en tinieblas y sombra de muerte, sino para encarnarse en ellas, siendo de esa forma Dios en la carne de Jesucristo –es decir, conjunto de la humanidad y la historia–.

En esa línea, asumiendo la mejor teología del Antiguo Testamento y la experiencia y teología del Nuevo, con una visión más honda de la Iglesia posterior, Juan de la Cruz ha podido hablar de la humanidad –virgen– preñada de Dios. Esta es una imagen y palabra *(parábola)* radical del cristianismo, que proviene de la promesa y esperanza del Antiguo Testamento: una «virgen/doncella ha concebido y dará a luz...» (Is 7,14; Mt 1,23).

Entre judíos y cristianos, entre exegetas críticos y más tradicionales, se ha discutido mucho sobre el sentido original del vocablo *virgen*, que en hebreo (Is 7,14) se refiere al «alma» y no significa «sin relaciones sexuales», sino «joven mujer», capaz de amar y ser amada y de concebir, por obra de otros hombres y de Dios... Por su parte, los traductores alejandrinos de los LXX pusieron en griego *parthénos* (virgen, en su sentido más sexual...). Pero esa disputa entre *alma* (hebreo), *parthénos* (griego) y *virgen*, que en un plano sigue teniendo importancia filológica y antropológica, debe llevarnos a destacar un dato esencial de la experiencia bíblica y del conjunto de la humanidad creyente: la expresión *Virgen «preñada»* es una mujer concreta del entorno de Isaías –mujer del rey, quizá la de Isaías, una muchacha sin nombre...– y también es María de Nazaret, la humanidad entera, preñada de Dios o, mejor dicho, del Verbo divino encarnado en la historia de los seres humanos.

En un primer momento, un tipo de judaísmo celoso de la «diferencia» de Dios –que está por encima de todo género y sexo humano– ha rechazado esa imagen y ha condenado –expulsado de Israel– a los devotos de la fecundidad divina del Dios y de la Diosa. Pero, pasado un tiempo, esa imagen ha vuelto a emerger como *símbolo de fe, no como afirmación sexual de la revelación de Dios,* en la conciencia de muchos judíos, y en especial entre los cristianos –como la emplea Juan de la Cruz–:

– *La Virgen preñada del «Verbo divino»* –de Dios– no es una diosa celeste, sino la misma humanidad, grávida de Dios... Esa Virgen es humanidad que va escuchando y recibiendo en su «seno» más profundo la voz de Dios, para así transformarse por ella y responderle. Esta virgen-humanidad no está preñada por contacto sexual externo, sino por la presencia radical del Verbo/Palabra, como ha puesto de relieve la madre de los siete macabeos en 2Mac 7.
– *Siendo la humanidad entera* –varones y mujeres...–, esa «virgen preñada» es, en

concreto, con María de Nazaret, la madre histórica de Jesús. Esa figura nos sitúa por tanto ante el misterio eterno de Dios «encarnado» por María en la vida de los seres humanos, que no nacen de la carne/sangre, voluntad de varón, sino de Dios (cf Jn 1,11-14).

La humanidad entera es «virgen preñada», que ha escuchado «el verbo de Dios» y ha respondido con la palabra y el camino de su vida. En esa línea, la palabra popular *preñada* –propia de una letrilla amorosa– aparece aquí en lugar del cultismo *pregnante* –mujer encinta–. Esa palabra, que viene del latín *pre* (antes de) y *nasci* (nacer, ser nacido) indica la hondura de la concepción divina de Jesús, que es concebido y nace de la palabra/verbo de Dios, en una línea que en sentido profundo puede aplicarse a todos los seres humanos.

Ella es María, la madre de Jesús siendo, al mismo tiempo la humanidad entera, que recibe en sus entrañas el «semen» de Dios, que es la siembra/simiente de humanidad divina en la Iglesia y en cada uno de los auténticos «creyentes», que saben y sienten que el verbo de Dios les fecunda y alumbra por ellos la carne de Dios en él. Este es un tema que Juan de la Cruz ha desarrollado en el *Cántico* B, 8, cuando afirma que las flechas del Amado nos hieren, de manera que por ellas «concebimos» al mismo verbo de Dios que nace en nosotros.

Viene de camino

En la historia aparece «la Virgen preñada», pero, al mismo tiempo, con ella y por ella viene el Verbo Dios, de forma que podemos afirmar que el universo entero –historia de los hombres– es despliegue y camino del Verbo Divino, como de algún modo sabían los profetas de Israel, como ha proclamado de forma especial el evangelio de Juan, en el canto de la encarnación y nacimiento (Jn 1,1-18).

Viene de camino en la historia concreta del mundo María, que pasa según el evangelio de Nazaret de Galilea hacia Belén de Judá. Viene como peregrina, en busca de una tierra que le acoja, para dar a luz al niño, la nueva humanidad. Viene con José como emigrante y extranjera, que busca una patria para asentarse y dar a luz, como miles y millones de emigrantes de la actualidad, peregrinos de Dios en la tierra. En ella viene de camino el verbo de Dios, haciéndose palabra humana, para así vivir, morir y resucitar con los peregrinos de la historia de Dios como he puesto de relieve en *Teodicea. Itinerario de los hombres a Dios* (Sígueme, Salamanca 2013) y en *Trinidad. Itinerario de Dios al hombre* (Sígueme, Salamanca 2015).

Si le dais posada

Este es el Adviento de Dios, no solo un mes, cada año litúrgico, antes de Navidad, sino todo el tiempo de la historia hasta la llegada del reino de Dios, a quien llamamos diciendo *marana tha* (viene el señor, ven señor). El que viene de camino desde el principio de los siglos es el Verbo Dios, buscando «posada para encarnarse» y habitar entre nosotros. Este es, al mismo tiempo el *Adviento de la humanidad,* condensada en María, caminando hacia Dios, es decir, escu-

chando su Palabra y dejando que Él –el verbo de Dios– se encarne en su vida concreta.

Lo que a los hombres y mujeres se les pide es que den posada a Dios, dándose posada unos a otros, para que así se alumbre en nosotros el misterio del Verbo Divino. Esta posada de Dios forma parte del camino de la encarnación de Dios en la historia de los hombres. Esta es la posada que hemos de ofrecernos también unos hombres a otros, unos pueblos a otros, en este momento de la humanidad caminante, cuya mayor tarea cristiana consiste quizá en acogerse mutuamente, conforme a la palabra esencial del juicio de Mt 25,31, en el que Jesús nos pregunte: «Tenía hambre ¿me disteis comida? Buscaba reposo, posada –del latín reposo, *pausare*–, ¿me habéis acogido?».

Culminación

En ese contexto, ofreciendo una visión de conjunto de la teología de Juan de la Cruz se puede hablar de un recíproco amor activo, por el que Dios regala (concede) al hombre el ser humano y el hombre regala a Dios su mismo ser divino («el alma está dando a Dios al mismo Dios en Dios»), de manera que, en la economía actual de la salvación, sin la respuesta positiva del hombre, el mismo Dios acabaría perdiendo su sentido. Uno al otro –Dios al hombre, el hombre a Dios– se regalan su mismo ser. Dios se encarna en el ser humano, y el ser humano se diviniza en Dios, haciendo que Dios sea Dios, dándole –devolviéndole en amor– su propio ser, como muestra el evangelio de Juan, donde Jesús le dice a Dios: «Todos mis bienes son tuyos».

El Dios trinitario es, según eso, amor enamorado, que vive en sí existiendo fuera de sí; pero en un «fuera» que no es exterioridad, sino comunidad abierta. Cierta cábala judía había supuesto que Dios se retiraba, suscitando en su interior un tipo de vacío, para que pudiera surgir de esa manera el mundo, la historia de los hombres. En contra de eso, con la tradición cristiana, Juan de la Cruz supone que Dios es amor enamorado, en comunión, de tal forma que su Ser no tiene que abrir un vacío para lo distinto, sino que lleva en sí la distinción de amor y se implica en ella –es comunión trinitaria–, pudiendo integrar en sí lo no-divino, sin dejar de ser Dios –precisamente por serlo–.

De esa forma, existiendo en Dios, el hombre es también un despliegue personal de amor divino. No nace por ley o capricho de Dios o de los dioses, tampoco por fatalidad, sino solo como esposa o dialogante de amor del mismo Hijo Divino –hijo del Dios enamorado–, a quien su Padre dice: «Una esposa que te ame, mi Hijo darte quería...» (Juan de la Cruz, *Romance* 77-78). Así brota el hombre, inmerso en la misma relación de amor de Dios. En un plano, surge en un espacio de finitud, dentro del tiempo que pasa y que tiende a perderse. Pero, en otro, brota en el interior del mismo ser divino, como alguien que puede ser «Dios en el tiempo» («un dios pequeño»), siendo, sin embargo, en un sentido muy profundo, infinito y todopoderoso, por encima de todos los posibles esquemas de una ley que le dice y le marca su realidad desde fuera.

Al situarse en esta perspectiva, Juan de la Cruz ha superado la ontología de la sustancia –del ser en sí, absoluto–, al igual que la filosofía moderna del pensamiento y de la ley, de la dialéctica racional y de la violencia, para pensar y presentar al ser humano desde una perspectiva metafísica, como *relación de amor,* un viviente que solo existe y se mantiene en la medida que se entrega y relaciona, desde y con los otros, vinculando de esa forma esencia y existencia, ser y hacerse, intimidad y encuentro interhumano, transcendencia e inmanencia históricas.

Solo en el interior del *Dios enamorado* podemos hablar de un *amor de humano,* pues el ser humano no existe encerrándose en sí mismo –como sujeto de posibles accidentes, ser explicado y definido por sí mismo, en soledad–, sino solo recibiendo el ser de otros y abriéndose a ellos, viviendo así en la entraña del mismo ser divino, que es relación de amor, encuentro de personas. Más que animal racional o constructor de utensilios, pastor del ser o soledad originaria, el ser humano es auto-presencia relacional, un viviente que se descubre en manos de sí mismo al entregarse a los demás, en gesto de creación y vida compartida.

El ser humano solo existe de verdad –sobre la naturaleza, desbordando todo sistema ya hecho– en la medida en que se entrega o regala,

compartiendo su misma realidad con otros humanos y humanas. Así podemos decir que es lo más frágil: no es una «cosa» objetiva, independiente de lo que sabe y realiza, sino presencia activa, esencia compartida. Pero, siendo lo más frágil, el hombre es lo más fuerte, presencia en relación, de tal manera que se sabe y se encuentra –está presente en sí– porque le dan lo que tiene y él lo asume –se asume a sí mismo– y lo comparte. Por eso, su esencia –que es pre-sencia– se encuentra vinculada a la presencia de todos los humanos que le hacen, haciéndole ser fuerte, con la fortaleza que proviene del mismo amor gratuito.

Así pasamos de la «ontología de la sustancia», propia de un mundo en el que Dios se identifica con el Todo, a una *metafísica de la Relación y Presencia trinitaria.* No hay primero persona y después relación, pues el ser humano solo es presencia –auto-presencia, ser en sí– en la medida en que es relación subsistente –ser en otros–, de tal manera que se conoce al conocerlos –desde otros–, desde el Ser que es Dios, a quien descubre como transcendencia de amor. Una persona no puede empezar hablando de sí –pienso luego existo, debo luego soy...–, sino que puede hablar y habla desde los otros, porque, si piensa, es porque otros le han pensado –le están pensando– y si puede hacer algo es porque otros le llaman e interpelan. Esta es la alternativa que Juan de la Cruz ha presentado, desbordando el pensamiento de la sustantividad de la escolástica y la visión idealista de la modernidad.

No existe primero el ser propio y después la alteridad, porque en el principio de mi ser –del ser de cada uno– se expresa el ser de Dios que es alteridad y presencia radical de amor, que a nosotros se nos revela a través de los demás. De esa manera, existiendo en Dios, siendo presencia suya, nosotros también somos presencia relacional. Eso significa que no podemos crearnos de un modo individualista, para ser dueños de nosotros mismos, aislándonos, en un gesto de posesión que nos separa de los otros, sino que nacemos y somos en relación de amor.

En este contexto resulta primordial el encuentro del yo-tú y la apertura al otro y al nosotros –en la auto-presencia relacional–, tal como habían destacado, desde perspectivas distintas, algunos grandes pensadores judíos, como M. Buber, F. Rosenzweig y E. Lévinas, y como estamos poniendo de relieve, desde una perspectiva cristiana en este cuaderno que trata de Dios como *Verbo activo*, vinculando así los dos misterios cristianos –Trinidad y encarnación– del Verbo encarnado esto es, del Dios Palabra de diálogo eterno encarnado en el tiempo por Jesús, hijo de Dios y de María, la humanidad preñada de Dios. En esa línea nos sitúa Jesucristo, vinculando la experiencia de la Trinidad y la encarnación pascual de Jesús, su entrega hasta la muerte. Y desde aquí quiero culminar el argumento de este libro citando y comentando la estrofa final de *Cántico espiritual:*

El aspirar del aire,
el canto de la dulce filomena,
el soto y su donaire
en la noche serena,
con llama que consume y no da pena.

La vida del ser humano es un beso de Dios, aliento cósmico/divino, que sustenta y unifica a todos los vivientes. Ciertamente, han existido y existen otros signos de vida, que también se han vinculado o pueden vincularse a Dios: la tierra madre de la que nacemos, el agua que alimenta a plantas y animales, la sangre de las venas, las ondas del cerebro y las neuronas... Pero el más importante ha sido y sigue siendo, en un plano simbólico, el aliento de manera que morir se identifica con expirar –no respirar, no tomar ya más aire–, mientras que vivir es aspirar el aire/espíritu de Dios.

Del Espíritu de Dios hemos nacido (Gén 2,7), y así vivimos compartiendo su respiración, el aire de su Vida, que es amor que nos vincula y sostiene, sobre todas las restantes realidades. En este contexto Jesucristo ha desarrollado la más honda teología del aliento de Dios, para indicar –como quizá nadie ha hecho en la teología cristiana– que los seres humanos viven dentro de esa misma respiración de Dios –que es el amor Padre/Hijo–, pues reciben, comparten y emiten el Espíritu de Dios, el *aspirar el aire*:

El aspirar del aire es una habilidad que el alma dice
que le dará allí Dios,
en la comunicación del Espíritu Santo,

el cual, a manera de aspirar,
con aquella su aspiración divina,
muy subidamente levanta el alma
y la informa y habilita
para que ella aspire en Dios la misma
aspiración de amor
que el Padre aspira en el Hijo y el Hijo en el Padre,
que es el mismo Espíritu Santo,
que a ella (al alma) la aspira en el Padre
y en el Hijo
en la dicha transformación, para unirla consigo.
Porque no sería verdadera y total transformación
si no se trasformase el alma en las tres Personas
de la Santidad Trinidad en revelado
y manifiesto grado.
Y esta tal aspiración del Espíritu Santo en el alma
con que Dios la transforma en sí,
le es a ella de tan subido y delicado
y profundo deleite
que no hay que decirlo por lengua mortal...
Porque el alma, unida y transformada en Dios,
aspira en Dios a Dios la misma *aspiración divina*
que Dios –estando ella en Él transformada–
aspira en sí mismo a ella (*Comentario* CB 39, 3).

El «aspirar del aire» es la comunicación del Espíritu Santo, que vincula al Padre y al Hijo, en don mutuo de vida, que Jesús ha culminado –ha realizado plenamente– en su muerte y resurrección. Pues bien, el hombre habita y respira en el interior en esa aspiración (comunicación) mutua de Dios (del Padre y de Jesús), no solo recibiendo su aliento (Espíritu de vida), sino respondiendo: dando a Dios su aspiración divina. Esta audaz formulación trinitaria constituye la culminación de la experiencia de Juan de la Cruz que vincula en su experiencia y teología los dos misterios que son uno, la Trinidad y la encarnación en pericoresis divina y humana.

5
Trinidad y encarnación, pericoresis

Quizá el tema más importante no es que Dios se encarne en nuestra vida, sino que nosotros nos encarnemos, unos en otros, viviendo así en todos por amor, porque más vive «el alma» donde ama que en el cuerpo en el que habita (Juan de la Cruz, *Cántico espiritual* B 8).

Normalmente, la encarnación suele tomarse como un añadido o apéndice al tema de la identidad y esencia de Dios. Primero se trata de Dios en sí –Dios uno, Trinidad–, y después, como un derivado independiente, se habla de la encarnación. Pues bien, contra eso, la teología de la Iglesia oriental, no solo la más antigua, sino también la bizantina (siglo VIII-X d.C.), ha vinculado y en el fondo identificado los dos misterios, como ha hecho entre nosotros Juan de la Cruz, no solo en su villancico sobre *La Virgen preñada,* que ya comenté, sino también en su *Romance sobre la Trinidad y encarnación* donde se plantea en el fondo el tema de la pericoresis, en clave de Trinidad y Encarnación.

Conforme a esta imagen de la pericoresis, camino o danza de Dios en sí mismo y en la historia, los seres humanos (creyentes), formamos parte del proceso o camino del Dios que es Trinidad en sí –comunión de personas que caminan y habitan unas en otras–, y *encarnación* –personas que habitan, se encarnan y viven ser unas en otras–. Los seres humanos nos definimos como aquellos seres personales que vivimos, nos movemos y somos en Dios (He 17,28). Pues bien, por ampliación, por presencia y obra del Dios encarnado, hombres y mujeres (seres humanos) somos aquellos que vivimos, nos movemos y habitamos unos en los otros, compartiendo así nuestra carne *(sárx),* formando de esa manera el cuerpo de Dios sobre la tierra *(sôma).*

a. *Dios es amor-movimiento circular eterno*, amor que simbólicamente se condensa en «tres» personas –tres son la totalidad personal, no signos circulares abstractos, de eterno retorno y presencia eterna de lo mismo, como podría ser el Tao chino–. En esa línea se pone de relieve el carácter eterno y litúrgico de la «danza» de Dios en la humanidad, tal como aparece, por ejemplo, en el icono en la *Trinidad angélica* de A. Roublev, donde se evoca la imagen de los tres ángeles caminantes, que son el único Dios y se revelan a Abrahán, ante su tienda de Mambré, compartiendo con su mirada y descanso el camino de la vida. Ellos hacen el camino juntos, pero están de pausa/posada ante la tienda de Abrahán, mostrando por su mirada de amor, que el camino verdadero son ellos mismos, habitando y siendo cada uno en los otros.

b. *Esa «danza»* o encuentro de miradas de los tres «ángeles» (personas) de Dios *se realiza en la historia y se expresa en Jesús*, de un modo que no es puramente circular

–pura eternidad, los tres mirándose entre sí–, sino lineal, en forma de camino compartido a lo largo del tiempo –creando así la historia divina y humana–, como han puesto de relieve los últimos Padres de la Iglesia oriental, especialmente Máximo el Confesor y Juan Damasceno.

Esta danza o pericoresis de la Trinidad –expresada en forma de encuentro humano de miradas– ha de entenderse como una exégesis de la vida y persona de Jesús, tanto en su vinculación a Dios –en su relación con el Padre– como en su apertura hacia los hombres, esto es, en su mensaje de libertad y en el don pascual que el Espíritu ofrece a los creyentes.

El Dios cristiano es comunión de amor que se expresa como don fundante del Padre –Jesús brota de Dios– y como entrega interhumana de amor –Jesús pone su vida en manos de Dios, poniéndola en manos de los humanos–. Ese Dios-comunión –pericoresis trinitaria– se expresa y culmina en la comunión del mismo Dios, en el encuentro del amor divino –que es Padre, Hijo y/en el Espíritu Santo– que se expresa y realiza en la historia de los seres humanos, que son encarnación del amor de Dios en forma de Iglesia –comunión interhumana–.

La Trinidad es la hondura de Dios, que despliega y regala su misterio, por medio del Espíritu, en la Iglesia, culminando así su «baile» en forma de comunicación activa y comunión de libertad abierta a todos los seres humanos, por Jesús, abriendo y realizando la historia de Dios en nuestra historia. Dios es vida eterna compartida y Él se expresa y encarna por Jesús en una Iglesia que es comunión de vida compartida: encuentro de hermanos que regalan y reciben (comunican) la existencia.

El Dios encarnado en Jesús se revela y despliega en la historia de los hombres –sin dejar de ser divino, sino para serlo plenamente– como proceso que está, al mismo tiempo, culminado –en el baile eterno de Dios– y que se va realizando en la historia, pues por medio de Jesús, Dios despliega y realiza su danza/camino de vida en los hombres, en la línea abierta de la historia.

Pericoresis, una danza con dos nombres latinos

Eso significa que Dios es, al mismo tiempo, círculo eterno –parabólicamente un triángulo siempre en movimiento– y línea abierta de historia, que se abre por la Pascua de Jesús hacia el Reino futuro de la vida. Desde ese fondo podemos retomar los tres momentos constitutivos de la realidad de Dios como *ousía* –esencia fundante, Padre– que se entrega a sí misma y solo existe al entregarse, siendo así *dýnamis* –potencia vital que se expresa en el mundo en forma humana, en Jesús Hijo– y *energía* que actúa, se culmina y se ratifica como *enteléjeia* o perfección cumplida (Espíritu Santo).

Todo Dios es un despliegue de amor personal, y solo existe y puede concebirse en la medida en que se entrega a sí mismo, en generosidad plena, haciéndose historia y ofreciendo así su «baile» divino de amor en la vida de los hombres, tal como aparece en Jesús; Dios es Verbo, palabra de amor que se entrega a sí mismo, se regala, recibe y comparte en comunión de vida. En esa línea podemos afirmar que cada perso-

na existe en sí misma existiendo en la otra, en gesto de inhabitación o pericoresis, que la tradición latina posterior ha precisado utilizando dos palabras:

– *Cincumincessio* (caminar y avanzar en torno). Cada persona existe en la medida en que «transita» *(incedere)* hacia la otra en proceso circular *(circum)*, que se abre sin cesar hacia el *novum* de Dios. De esa forma, lo que en un plano es círculo o triángulo trinitario –tres personas vinculadas desde sus ángulos respectivos, en la unidad de vida de Dios– puede y debe representarse como itinerario, un camino –un baile incesante– en el que cada persona se dirige sin cesar a la otra, buscando la plenitud en ella, para tender así juntos hacia el futuro pleno de Dios. Este es un itinerario circular *(circum-incedere)*, que lleva del Padre al Hijo por el Espíritu y viceversa, que se ha revelado por Cristo, pero también es un itinerario que va avanzando, que no se reduce a volver sobre sí mismo (eterno retorno), sino que tiende hacia la plenitud pascual y escatológica de Jesucristo, hacia la culminación de su Reino.

Por eso, los cristianos –en contra de muchos judíos y musulmanes que no se atreven a penetrar en el misterio divino– podemos decir que conocemos al Padre, por el Hijo, en el Espíritu, compartiendo su mismo itinerario de vida, formando así parte de su mismo camino, abierto hacia el futuro del Espíritu de Dios, que es el nuestro. Este es el camino supremo: el que va de una persona otra persona, de un humano a otro humano, hombre o mujer... Solo existimos caminando unos hacia los otros, en el Dios que es círculo de amor haciéndose camino hacia el futuro de sí mismo, prometido en la Pascua de Jesús.

– *Circuminsessio* (asentarse en torno, ser uno en otro). No caminamos para pasar, sino para quedarnos cada uno en y con otro (de *sedere*, «sentarse»). Una persona se asienta y descansa en otra persona, como supone Juan de la Cruz: «Dejéme y olvidéme, cesó todo y quedéme...» (*Noche oscura* 8). Un ser humano solo puede «dejarse» y descansar (quedar para siempre) en otro ser humano. Esto es lo que sucede en la Trinidad. Cada persona no solo camina hacia otra persona, sino que habita en ella. Eso significa que cada persona existe en sí –es realidad, se realiza– en la medida en que sale fuera de sí, dando el ser a la otra, recibiendo el ser de ella. En otras palabras, cada persona «reina» (asienta su trono) al asentarse en otra persona, haciendo que la otra reine también con ella, avanzando, al mismo tiempo, juntas hacia el futuro pascual de Dios, revelado en Jesucristo.

Esta terminología de *inhabitación dialogal* (pericoresis) nos permite comprender el misterio de Dios y nos lleva a valorar mejor la comunión humana, entendida en forma de revelación trinitaria y de camino hacia la plenitud del Espíritu Santo, a través de la Pascua de Cristo. En el principio y cumbre de todo lo que existe, Dios es un camino, un itinerario compartido (*sýn-hodos*) de entrega mutua, que culmina como encuentro de amor y vida compartida. En esa línea, desvelando el sentido de la pericoresis, decimos que Dios no es solo itinerario compartido (*sýn-hodos*) de unas personas a otras (*circumincessio*), sino un encuentro de amor de unas en otras (*circuminsessio*), una fiesta de gloria, pues cada persona descubre y posee –goza y despliega– su sentido y plenitud en otra persona, en la que se asienta, como en trono de vida (*sym-bíos*), no para pararse sino para seguir caminando juntos hacia el futuro de la paz o plenitud, *shalom*, de Dios.

Este «modelo» (parábola) de comunión personal en forma de *itinerario* constante de uno al otro –*circum-incessio*: de *circum-incedere*, «caminar en torno, caminar del uno al otro»– y de *sesión perpetua* de uno en el otro –*circum-insessio*: de *circum-insedere*, «tener su sede, sentarse o habitar uno en el otro»– puede expresarse y se expresa también en griego con unos matices particulares, que nos permiten entender aún con más precisión el sentido de la encarnación, como forma de comunicación personal de vida, tanto de Dios en sí mismo como de Dios en la historia de los hombres. En esa línea podemos afirmar que cada persona existe en sí misma existiendo en la otra, en camino y gesto de *inhabitación* que en latín hemos descrito utilizando dos palabras distintas: *circumincessio* y *circuminsessio.* En griego los matices de esas dos palabras pueden expresarse conforme al uso de la *o* de *perijóresis,* en su forma larga o corta, es decir, con *omega* o con *omicron.*

– *Perijôresis (περιχώρεσις),* con o-mega (*o* larga), viene de *jóra (χώρα),* que significa «tierra o país», y tiene el sentido de «caminar», «ir hacia delante», avanzar, como si Dios fuera un despliegue lineal, un tiempo y camino extendido hacia el futuro, en una dirección mesiánica, esto es, judía, de búsqueda nueva que nos dirige hacia aquello que sigue estando por delante. En ese sentido se ha venido interpretando la esperanza de futuro, el más allá siempre nuevo de la historia de Dios y de la vida de los hombres, tal como se expresa en el pensamiento bíblico –judío y cristiano–, al entender la historia de Dios y de los hombres como apuesta de futuro, en forma de tiempo lineal, esto es, de apertura escatológica.

– *Perijóresis (περιχόρεsis)* con omicron (*o* breve, pequeña) viene de *jóros (χορός)*, que es «danza» (cf «coro»). No se trata de avanzar, de cruzar un país y de ir hacia delante, sino de moverse alrededor, esto es, de danzar, cambiando de lugar, pero manteniéndose siempre en el mismo espacio. En esta línea viene a interpretarse la visión más griega del tiempo como «eterno retorno», una danza en la que todos cambian, siendo siempre los mismos, como han puesto de relieve las religiones orientales y como han destacado algunos estudiosos modernos de las religiones.

Esos dos matices de pericoresis –avanzar juntos y danzar entre sí, de forma que cada persona aparece y se muestra en relación con las otras en forma de presencia y de mirada– fueron retomados, como he dicho, por los teólogos latinos (occidentales) en la Edad Media, que recogen e interpretan de un modo muy preciso el sentido y los momentos básicos de la pericoresis trinitaria, como experiencia fundante de vida –relación– interpersonal, en clave de camino y de cumplimiento. Estas dos palabras muestran, mejor que todas las teorías, la vinculación y trasvase más hondo entre la patrología griega y la latina, que están en la base de nuestro pensamiento posterior; pero me da la impresión de que no han sido valoradas ni elaboradas de un modo suficiente en perspectiva de elaboración trinitaria y de estudio de la encarnación, insistiendo en la unidad profunda de ambos «elementos» del único misterio cristiano, que se define, por un lado, como Trinidad y en otro como encarnación.

Solo un Dios «trinitario» –que es movimiento, salida de sí y encuentro personal– puede encarnarse y solo por la encarnación puede entenderse y asumirse el misterio trinitario. No hay Trinidad ni encarnación sin *cincum-incessio,* sin caminar o avanzar en torno, en comunión, sin un tipo de *sýn-hodos,* en forma de itinerario o camino. En esta línea debemos afirmar que Dios no es un círculo eterno que se contempla a sí mismo, sin fin, sin movimiento, en quietud perpetua.

Pero siendo movimiento sin fin, avance hacia su plenitud, debemos añadir que Dios es comunión, en el sentido de *circum-insessio.* En esa línea podemos afirmar que Dios es comunión de caminantes: caminan juntos –no son *peri/ circum*–, sino *sýn* –unos en otros, en *sýn-hodos*, mirándose y amándose al caminar–. Según eso, cada persona existe en la medida en que «camina» *(incedere)* hacia la otra en proceso circular *(circum)* y en avance personal compartido. De esa forma, más que como un triángulo abstracto –tres personas vinculadas desde sus ángulos respectivos, en la unidad del espacio divino–, la Trinidad puede y debe representarse como itinerario de vida culminada.

Dios no es un triángulo ni un círculo cerrado, sino un camino, un baile incesante, un abrazo, en el que cada persona se dirige sin cesar a la otra, en donación completa, y así, mirándose y abrazándose caminan, cada persona en la otra. Eso significa que Dios es un itinerario *(circum-incessio)*, que lleva del Padre al Hijo por el Espíritu y viceversa, siendo así un camino/itinerario «logrado» (en plenitud de amor), que no se pierde en el vacío, ni se tiene que repetir en una especie de eterno retorno, siempre igual, nunca completo, sino que es por Cristo camino/itinerario culminado. Por eso, a diferencia de otras religiones monoteístas

–judaísmo, islam– que no se atreven a penetrar en el misterio de Dios, los cristianos podemos decir y decimos que en Cristo hemos podido conocer el ser del Padre en cuanto Padre, penetrando en su itinerario de amor, que lleva al Hijo y al Espíritu. Esto es lo que debe suceder también en los seres humanos, que son (somos) comunión. Así viene a expresarse el camino y encuentro supremo, que va de una persona a otra persona, de un humano a otro humano, hombre o mujer... Solo existimos caminando unos a otros, llegando en respeto y amor al interior de su persona y dejando que ella pueda caminar a mi interior.

Se trata de un itinerario en el que cada persona culmina su camino y descansa –se encarna– habitando en la otra. Según eso, la Trinidad viene a presentarse para los cristianos como misterio de adoración comunitaria, experiencia de gloria, en el camino que lleva hacia la plenitud de Dios que se expresa en forma de plenitud de la historia humana. Esta es una experiencia de fe, no una teoría a demostrar. No es un enigma que deba resolverse con métodos de lógica o de ciencia, sino un misterio que hace pensar y cantar, en gozo inenarrable, de forma que el camino de Dios sea nuestro camino.

Esta es una experiencia particular de Dios, pero, al mismo tiempo, debemos afirmar que es una experiencia humana, pues el despliegue de la Trinidad se identifica con la misma Pascua y plenitud de Cristo. No hay dos experiencias de Dios, una para sí, otra para los hombres. No existen dos leyes, una superior –propia de Dios– y otra inferior –de los hombres–, sino una misma ley, una experiencia cristiana que debe entenderse desde una doble perspectiva:

- *Todo lo que Jesús ha dicho y realizado es verdad para los hombres,* pues él mismo es la vida hecha donación y entrega que se abre a la culminación de la comunidad divina –en el Espíritu–. A ese nivel, la Trinidad es la hondura de conocimiento y experiencia que brota de la Cruz, de la vida interpretada como donación de uno mismo, como regalo que se vuelve fuente de comunión para los hombres.
- Al mismo tiempo, *Jesús es la verdad de Dios, Logos fundante.* Así le vemos como

Hijo eterno del eterno Padre, Hijo que recibe la vida y que la entrega nuevamen-
te, compartiéndola en el Espíritu. Es Hijo
porque proviene del Padre en el Espíritu,
naciendo de los humanos –misterio de la
Navidad–; es Hijo porque devuelve su
propio ser al Padre en el Espíritu, dándo-
selo a los hombres –misterio de Pascua–.

No hay dos leyes, una para Dios y otra para
los humanos, no hay dos Trinidades, sino una
sola verdad del Evangelio –revelación de Dios–
que es la verdad de la comunión divina, según
la cual Dios se expresa en Cristo, haciéndose
principio y espacio de realización/comunión
para los hombres. Cristo se funda en Dios; ambos se unen, por siempre y para siempre, en la
comunión del Espíritu. Según eso, la Trinidad
es la expresión del gozo de Dios que, sin tener
obligación –por ley– de crear ni de encarnarse,
ha creado la historia y se ha encarnado en ella,
para así ser divino –Trinidad–.

En esa línea, desarrollando el sentido de la
pericoresis, con Juan Damasceno y la patrística
griega, podemos decir que Dios no es solo el

camino que va de unas personas a otras *(circumincesio)*, sino la comunión y habitación de amor de unas en y con las otras *(circuminsessio)*, en una especie de fiesta de gloria, pues una persona solo descubre y posee –goza y despliega– su sentido y plenitud en otra persona. Lógicamente, la Trinidad sigue siendo misterio de adoración personal y comunitaria, experiencia de gloria. No es algo que pueda demostrarse. No es un enigma que deba resolverse con métodos de lógica o de ciencia; pero puede representarse y cantarse simbólicamente como hace la teología de la patrística bizantina.

Según eso, la pericoresis es una forma de entender la invitación que Dios nos dirige en Jesús, por el Espíritu Santo, para que hombres y mujeres nos sumemos a la danza de su amor más íntimo y más universal, caminando unos a otros –en otros– en amor, de manera que nos demos cuenta de la interconexión fundamental que nos vincula y enriquece. Ciertamente, Dios nos ha invitado a participar en esta danza divina de amor por Cristo; pero nosotros hemos dudado: no sabemos si queremos o no queremos aceptar la mano de Dios para danzar con Él.

Somos nosotros los que tenemos que tomar la decisión, para determinar el grado de intimidad con el que queremos que Dios dance con nosotros y si queremos que sea Él quien dirija nuestra danza. La lectura de los textos de estos Padres de la Iglesia nos ofrece la forma de aprender los pasos de esta danza, para que sepamos escuchar la música del Espíritu, de tal manera que, a medida que Dios va infundiendo su amor en nosotros, nuestras vidas puedan llegar a convertirse en acontecimientos de gracia, pues la existencia de Dios se expresa y despliega en cada uno de nosotros, como he puesto de relieve en *Trinidad. Itinerario de Dios a los hombres* (Sígueme, Salamanca 2025).

La Trinidad es una exégesis –despliegue– de la vida y persona de Jesús, tanto en su vinculación a Dios –en su relación con el Padre– como en su apertura hacia los hombres, en su mensaje de libertad y en el don pascual de su Espíritu. El Dios cristiano es comunión de amor que se expresa como don fundante –Jesús brota de Dios– y como entrega personal –Jesús pone su vida en manos de Dios–, en el encuentro de vida del Padre y del Hijo, donde todo alcanza su verdad perfecta.

Para una reflexión personal

1. Comprensión y compromiso

Comprensión bíblica

Lee e interpreta de forma personal los textos bíblicos fundamentales que expongo y comento en este libro. Ejemplo: Éx 2–4; Mt 1,18-25; Lc 1,26-38; Jn 1,1-14.

Busca otros textos bíblicos que este texto no ha puesto de relieve.

Comprensión cultural

Compara la visión cultural y religiosa de los grandes temas, distinguiendo la perspectiva judía, cristiana y musulmana.

Busca textos y reflexiona sobre Dios en los medios de comunicación actual: prensa, radio, televisión, *mass media*. ¿Qué lugar ocupan Dios y, de un modo específico, la encarnación y la Trinidad en la cultura actual de nuestro tiempo?

Un tema pendiente en el siglo XXI

¿Cómo se ha planteado el tema de Dios en la antigüedad y como se plantea actualmente? ¿Estamos ante una crisis de Iglesia o ante una crisis de Dios? El estudio del tema, con el planteamiento que ofrece este texto ¿puede ayudarnos a responder a los problemas de la actualidad sobre Dios?

Compromiso personal

Interpreta el sentido de Yahvé. ¿Dónde están actualmente hoy los hebreos —oprimidos— de la tierra? ¿Cómo les recuerda Dios y quiere redimirles? ¿Cómo podemos actualizar las palabras finales de Dios a Moisés: «*Vete, libera a mi pueblo*»?

2. Prueba de síntesis

a. Vincula los diversos rasgos de las tres tradiciones monoteístas –judaísmo, cristianismo e islam–, interpretándolas de un modo cultural y social, político y religioso. ¿Qué posibilidades de adaptación y transformación tiene la visión del Dios cristiano en nuestro contexto?

b. *Reinterpreta* desde la perspectiva actual algunos rasgos importantes de la teología de Israel y de Jesús:

- ¿En qué momentos de la historia de Jesús se revela Dios?, ¿cómo?
- ¿Cómo se relaciona el Dios de Jesucristo con el Dios del éxodo judío y del mensaje de Mahoma?
- ¿Se puede decir actualmente: «Jesús sí, pero Dios no»? ¿Se puede añadir: «Dios sí pero, sin encarnación ni Trinidad»?

c. ¿Podrías hacer un resumen de lo que dicen sobre Dios los *mass media* de la actualidad? ¿Cómo se distinguen unos medios de otros?

¿En qué se distinguen los medios «católicos»? ¿Qué te parecen los textos de religión de la escuelas y universidades, si los hubiere?

3. Prueba de síntesis e interpretación

Lee, valora este texto de X. Zubiri:

El problema de Dios es un problema que afecta radical y formalmente a la constitución de la persona humana y, por consiguiente, no es un problema que formalmente concierne al más allá. El problema de Dios, repito, concierne precisamente y ante todo a la realidad misma de este mundo y a nuestra realidad personal en él. Por consiguiente, el problema de Dios no es la investigación de algo que está fuera del mundo sino de algo que está precisamente en la realidad que nos circunda, en la realidad personal mía. A este algo estamos problemática, pero inexorablemente, lanzados todos para poder optar a la figura absoluta de nuestro ser (*El hombre y Dios*, Alianza, Madrid 1984, 110-111).

Para una reflexión grupal

Dios ¿es un tema privado?

Son muchos los que piensan que sobre Dios no se puede hablar en público. Dios ha salido o ha sido expulsado del ámbito social, al menos en los espacios tradicionales de la vida. ¿Quiénes siguen hablando hoy de Dios? ¿Solo algunos grupos «sectarios» o grupos de emigrantes? ¿Cómo se habla de Dios en la religiosidad popular? ¿En las fiestas de los pueblos, en las cofradías de Semana Santa y en otras devociones populares?

Dios en la liturgia y la catequesis

¿Qué tipo de catequesis sobre Dios existe en las comunidades cristianas, en las predicaciones litúrgicas? Se dice que Dios queda hoy reducido a la experiencia personal, ¿es eso compatible con la liturgia y la catequesis, que son de carácter grupal?

Dios en la educación familiar

Hay familias que siguen educando a sus hijos e hijas en la fe en Dios. Pero hay otras –muchas– en las que se dice que los hijos e hijas menores deben escoger cuando sean mayores, por sí mismos. ¿Es bueno no educar de un modo religioso a los niños y niñas? ¿Es bueno no hablarles de Dios?

Dios en la escuela

En general se tiende a pensar que la escuela no es lugar para ofrecer una educación religiosa a los niños, adolescentes o universitarios. ¿Se puede ofrecer una educación confesional cristiana? ¿Se puede/debe ofrecer en la escuela una enseñanza histórico-cultural sobre las religio-

nes? Personalmente he enseñado durante decenios (entre 1980 y 2000) historia cultural de las religiones en la Universidad Pontificia de Salamanca y mantengo buen recuerdo de aquella enseñanza. Pero ¿las cosas han cambiado?

Dios y la política

Se tiende a pensar que la creencia en Dios es algo personal y que no debe mezclarse con la dimensión política. Si los cristianos creen el Dios que actúa, ¿no es un Dios que se involucra en las acciones políticas que favorecen la vida de las personas?, ¿no deberían los cristianos y cristianas desarrollar una sensibilidad política como encarnación de Dios en este mundo?

Bibliografía

P. CODA (*1955), *Desde la Trinidad. El adveni-miento de Dios entre historia y profecía*, Secretariado Trinitario, Salamanca 2014. Es el libro actualmente más complejo sobre el tema de la Trinidad y la encarnación de Dios. El autor, del movimiento de los Focolares, insiste en Dios como presencia, comunicación de amor y principio de transformación de la humanidad, en línea individual y comunitaria.

C. DÍAZ (*1944), *Preguntarse por Dios es razonable. Ensayo de Teodicea*, Encuentro, Madrid 1989. Se trata de un libro para recorrer el compromiso racional de la fe en Dios. El autor, filósofo cristiano de tendencia personalista, dialoga con la crítica religiosa y teológica de la modernidad, respondiendo con argumentos clásicos y nuevos de la tradición cristiana, en línea de filosofía y compromiso creyente. Insiste en el aspecto social del cristianismo.

H. KÜNG (1928-2021), *¿Existe Dios?*, Cristiandad, Madrid 1979 (Trotta, Madrid 2010²). El autor ha sido un teólogo católico, discutido por algunos, muy valorado por otros. Este libro ilumina el camino filosófico de la fe en Dios, en diálogo con los grandes pensadores de la filosofía europea, desde Pascal y Descartes, hasta Whitehead y Horkheimer. La modernidad ha sido una pregunta por Dios, que Küng resitúa a nivel de confianza fundante de la vida.

E. LÉVINAS (1906-1955), *Totalidad e infinito. Ensayo sobre la exterioridad*, Sígueme, Salamanca 1977 (2012). Es quizá el filósofo y teólogo judío más significativo de los últimos decenios. Interpreta al Dios de la filosofía europea como Ídolo, signo de Totalidad destructora; solo es verdadero Dios el Infinito que asume la causa de los pobres y expulsados del sistema. Su libro, de lectura exigente, nos permite entender la identidad del judío, como experiencia del infinito, por encima de un sistema de racionalidad cerrado en sí mismo.

J. MARTÍN VELASCO (1934-2020), *El encuentro con Dios*, Cristiandad, Madrid 1976 (Caparrós, Madrid 1995). Filósofo y teólogo, historiador de la cultura analiza la visión de Dios en las diversas religiones, para destacar el carácter personal del Dios cristiano; nos ayuda a ensanchar la perspectiva y buscar a Dios con toda la humanidad.

X. PIKAZA (*1941), *Dios judío, Dios cristiano*, Verbo Divino, Estella 1996. Expone y valores analiza algunos textos bíblicos fundamentales sobre Dios. *Enquiridion Trinitatis. Textos básicos sobre el Dios de los cristianos*, Secretariado Trinitario, Salamanca 2005. Enciclopedia sobre el Dios de los cristianos. *Teodicea. Itinerarios del hombre a Dios*, Sígueme, Salamanca 2013; *Trinidad. Itinerario de Dios al Hombre*, Sígueme, Salamanca 2015. Libros de texto básicos sobre el Dios de la filosofía y el Dios del cristianismo.

J. SOBRINO (*1938), *El principio misericordia*, Sal Terrae, Santander 1992. Pensador jesuita, de origen vasco. Se sitúa en una línea cercana a la teología de la liberación. «Define» a Dios como misericordia fundante, revelada en

Jesús. Insiste en el Dios siempre más grande, que se hace el más pequeño, encarnándose en la historia del sufrimiento humano; la crucifixión de su Hijo es la manifiestación suprema en contra de la opresión de todos los pobres.

A. TORRES QUEIRUGA (*1940), *Creo en Dios Padre. El Dios de Jesús como afirmación plena del hombre,* Sal Terrae, Santander 2001[5]. Un filósofo y creyente que reinterpreta la figura de Dios tras la gran crisis de la Ilustración; frente al Dios de la negación y destrucción, dador de dolores, eleva la figura de un Dios de la libertad, que crea en amor a los humanos, asumiendo por ellos y con ellos el riesgo de la finitud.

X. ZUBIRI (1898-1983), *El hombre y Dios,* Alianza, Madrid 2023[5]. La obra de reflexión filosófica más significativa de los últimos decenios escrita en lengua castellana. Exige un gran esfuerzo intelectual y está pensada en clave de compromiso antropológico de fondo cristiano: Dios aparece como principio y fuerza impulsora de un intenso itinerario antropológico.

Índice